유럽
아시아
아프리카
오세아니아

교과서 속 세계 문화 탐험 ④

인더스 문명의 나라 인도

교과서 속 세계 문화 탐험 ❹
인더스 문명의 나라 인도

1판 1쇄 발행 2024년 7월 15일

글쓴이 김경희
그린이 윤남선

편집 김민애
디자인 박영정

펴낸이 이경민
펴낸곳 ㈜동아엠앤비
출판등록 2014년 3월 28일(제25100-2014-000025호)
주소 (03972) 서울특별시 마포구 월드컵북로22길 21, 2층
홈페이지 www.dongamnb.com
전화 (편집) 02-392-6901 (마케팅) 02-392-6900
팩스 02-392-6902
전자우편 damnb0401@naver.com
SNS

ISBN 979-11-6363-848-3 74810
979-11-6363-524-6 (세트)

1. 책 가격은 뒤표지에 있습니다.
2. 잘못된 책은 구입한 곳에서 바꿔 드립니다.

KC마크는 이 제품이 공통안전기준에 적합하였음을 의미합니다.
사용 연령: 8세 이상 제조자명: ㈜동아엠앤비
*주의: 책 모서리로 인한 찍힘에 주의하세요.

도서출판 뭉치는 ㈜동아엠앤비의 어린이 출판 브랜드로, 아이들의 지식을 단단하게 만들어주고, 아이들의 창의력과 사고력을 키워주어 우리 자녀들이 융합형 창의 사고뭉치로 성장할 수 있도록 좋은 책을 만들겠습니다.

교과서 속 세계 문화 탐험 ④

인더스 문명의 나라
인도

뭉치
MoongChi Books

작가의 말

쌍둥이 남매 '사고, 뭉치'와 함께 인도로 스릴 넘치는 여행을 떠나 보세요!

여러분은 인도에 대해서 얼마만큼 알고 있나요? 그리스 로마 신화처럼 인도에도 다양한 신이 있고, 그에 얽힌 이야기도 무궁무진하다는 걸 알고 있나요? 인도에는 무려 3억 3,000만 가지의 신이 존재한대요. 세상을 구원하고 생명을 지켜 주는 '비슈누', 원래는 행복을 가져다주었지만 무서운 파괴의 신이 되어 버린 '시바', 악한 왕이나 악귀를 물리치는 영웅신 '크리슈나'가 대표적이지요.

인도는 인류 문명의 최초 발상지 중 하나예요. 인더스강을 중심으로 '인더스 문명'이 발생했지요. 인도는 현재 인구가 세계 1위인 나라예요. 국토 면적은 세계 7위이고요. 우리나라(남한 기준)보다 면적이 33배나 넓다고 하니, 얼마나 큰 나라인지 알겠죠? 인도는 신의 수만 많은 게 아니라 소수 민족이 많아서 언어도 수천 개나 된다고 해요.

인도는 아시아 대륙 남쪽의 인도 반도에 위치하고 있어요. 인도는 국토 면적이 큰 만큼 그 안에 다양한 지형이 존재하는데요. 북부 산맥, 반도 고원, 인더스강-갠지스강 평원, 타르 사막, 해안 평야, 섬 지역 등으로 크게 나눌 수 있답니다. 세계에서 가장 높은 산 에베레스트가 바로 인도의 히말라야 산맥에 위치해 있답니다.

이처럼 다양한 지형을 가진 만큼 여러 기후대에 속해 있기 때문에 서식하는 동물의 종류도 매우 많아요. 인도를 대표하는 동물이 무엇인지 아세요? 바로 코끼리랍니다. 소설과 애니메이션, 영화로 잘 알려진 『정글북』의 배경이 인도인 걸 보면, 얼마나 다양한 생태계를 갖춘 나라인지 짐작할 수 있겠죠?

이 책은 쌍둥이 남매인 사고와 뭉치가 친구 가윤이와 함께 인도 곳곳을 탐험하는 시간 여행을 담았어요. 사고와 뭉치는 인도 신화에 나오는 무시무시한 요괴를 무찔러 가면서 인도의 역사와 문화를 하나씩 배우게 되지요.

자, 그럼 사고뭉치 남매와 함께 인도로 스릴 넘치는 문화 탐험을 떠나 볼까요?

세계 역사와 문화에 꿈을 담는 이야기꾼
김경희

차례

작가의 말 4

등장인물 8

만화 공룡의 발자국을 찾아서 10

1장 새로운 모험이 시작되다

공룡 발자국의 발견 14

2장 낯선 골짜기에 떨어진 아이들

가루다 여신을 만나다 22

독수리와의 한판 승부 30

3장 인도의 갠지스강이라고?

인도에서 만난 아이들 38

가윤이 설득 대작전 44

4장 초대받은 아이들

멋진 옷을 입고 인도인으로 변신! 52

인도의 축제 속으로 56

만화 라마 왕자의 대모험 속으로 62

5장 인도의 신화 속에 갇히다

사고의 변신 72

감옥에서 만난 야차 77

6장 케르베로스의 목걸이를 찾아라!

지하 세계 대탐험 86

무굴 제국의 무사가 된 뭉치 92

7장 악을 물리치는 가릉빈가의 음악 소리

최후의 대결 106

에필로그 새로운 모험의 기운 114

등장 인물

뭉치

쌍둥이 남매 중 오빠. 귀신과 요괴를 볼 수 있는 특별한 능력 때문에 예기치 않은 일에 휩쓸린다. 즉흥적으로 판단하고 행동부터 하는 급한 성격 때문에 사고가 끊이지 않는다. 게임을 좋아하고, 공부는 싫어하지만 눈치가 빨라 의외로 문제를 손쉽게 해결할 때가 많다.

사고

쌍둥이 남매 중 여동생. 무조건 의심부터 하는 아이. 책읽기를 좋아해서 아는 것은 많지만 정작 필요할 때 써먹지 못한다. 쌍둥이 오빠와 같이 다니면 '사고뭉치' 콤비가 되어 버려 난감할 때가 많다.

가윤

공룡을 진짜 좋아하는 여자아이. 유치원 때부터 쌍둥이의 친구이다. 겉모습은 긴 머리에 여리여리하게 생겼지만, 보기와는 달리 모험심도 강하고 씩씩하다.

캐서린

인도 여자아이. 갠지스강에서 우연히 가윤이를 만나 친구가 된 뒤 가윤이와 사고를 집에 초대한다.

마법사

케르베로스의 목걸이를 손에 넣어 지하 세계를 정복하려는 힘을 갖기 위해 음모를 꾸미는 악당. 모습을 자유자재로 바꾸는 능력을 갖고 있어, 뭉치는 좋은 사람이라고 깜박 속는다.

공룡 발자국을 찾아서

오빠, 일어나 봐! 우리 동네에서 공룡 발자국이 발견됐대!
공룡?
거짓말할래? 우리 동네가 쥐라기 공원이라도 되냐?
거짓말 아니거든!
또 게임하다 밤샌 거야?
제발 잠 좀 자자!
벌러덩

사고야,
뭉치는 못 간대?
앗, 이 목소리는?
벌떡
못 가긴!
갈 거야!
정말 우리 동네에서
공룡이 발견됐어?
응. 이거
한번 볼래?
주요뉴스 정치 사회 세계 경제 생활 IT
아파트 신축 공사장에서
공룡 화석 발견
발자국 크기가
1미터가 넘는
새라면
근처에
공룡 화석이 더
있을지도 몰라.
틀림없이
익룡의
화석일 거야!
빨리 가 보자!

1장

새로운 모험이 시작되다

공룡 발자국의 발견

우리는 당장 아파트 신축 공사장으로 향했어. 공사장 한쪽에 하얀 천막으로 둘러쳐진 곳이 보였지. 천막을 들추고 안으로 들어가자, 넓은 빈터가 나타났어.

우리는 빈터 안을 이리저리 누볐어. 나와 사고는 공룡 화석 발굴가라도 되는 것처럼 땅바닥을 살펴보고 있었지.

그때 언덕 위에서 가윤이가 소리쳤어.

"얘들아, 이리 와 봐!"

가윤이의 말에 나와 사고는 언덕 위로 뛰어 올라갔어.

"우아! 진짜 큰 발자국이다!"

내가 펄쩍 뛰니 발자국 안으로 쏙 들어갔어.

"이건 익룡의 발자국이 아닌 것 같아. 너무 커! 혹시 우리 동네에 괴물 새가 살았나?"

"말도 안 돼!"

"아니야. 생각해 봐. 이 세상에는 우리가 모르는 미스터리한 일들이 아주 많잖아!"

사고가 눈을 게슴츠레 뜨며 흥분된 목소리로 말했어.

바로 그때였어. 이상한 소리와 함께 번쩍하는 빛이 보였어.

"방금 무슨 소리 못 들었니?"

가윤이가 벌떡 일어나 소리쳤어.

"이것 봐! 발자국이 아까보다 좀 더 깊어진 것 같지 않아? 설마 땅이 꺼지고 있나?"

가윤이의 말대로 발자국이 좀 더 땅 밑으로 꺼진 것 같았어. 순간

불안한 기분이 느껴졌지.

그때 차가운 바람 한 줄기가 내 얼굴을 스쳐 지나가는가 싶더니 갑자기 주변이 깜깜해졌어. 우리는 멍한 표정으로 하늘을 올려다보았어. 어마어마하게 커다란 독수리 한 마리가 우리를 향해 날아오는 게 아니겠어? 어찌나 겁이 나던지 다리가 후들거렸어.

"도망쳐!"

우리는 누가 먼저랄 것도 없이 뛰기 시작했어. 독수리는 마치 우리를 토끼몰이하듯이 집요하게 쫓아왔어.

혼비백산(혼백이 어지러이 흩어진다는 뜻으로, 몹시 놀라 넋을 잃음을 이르는 말.)한 우리는 도망가기 바빴지. 그리고 잠시 후, 우리는 낭떠러지 아래로 떨어지고 말았어.

"아아악!"

나는 이제 죽었구나 싶어, 눈을 감아 버렸어.

얼마나 지났을까? 어디선가 졸졸졸 물 흐르는 소리가 들렸어. 얼핏 산새가 우는 소리도 들리는 것 같았지.

"가윤아, 오빠! 일어나 봐!"

사고의 목소리에 나는 슬며시 눈을 떴어.

"너희들, 어디 다친 데는 없니?"

사고가 나와 가윤이를 보며 물었어.

"나는 괜찮아!"

"나도 멀쩡해!"

"이거 혹시 꿈일까? 낭떠러지에서 떨어졌는데 어떻게 멀쩡할 수가 있지?"

사고가 겁에 질린 표정으로 중얼거렸어.

"그것보다 여긴 어딜까? 우리 동네에 이런 낭떠러지가 있었나?"

"내가 알기로는 없었어!"

가윤이의 질문에 사고가 대답했어.

나는 오늘 일을 차근차근 곱씹어 봤어. 하지만 아무리 생각해 봐도 왜 우리가 여기에 있는지 이해가 되지 않았지.

"일단 여길 빠져나가야 할 거 같아!"

가윤이가 조심스럽게 말했어.

우리는 이런저런 이야기를 나누며 계곡을 따라 걷기 시작했어.

인도 한눈에 알아보기

인도는 어떤 나라일까?

인도는 힌디어 명칭이 '바라트 가느라지아'이고, 세계 인구 1위이자 국토 면적은 세계 7위인 나라예요. 남한 면적의 33배나 되는 면적이라고 하니, 그 크기를 짐작할 수 있겠지요?

기후는 전체적으로 열대 몬순 기후를 나타내지만, 북위 7도부터 36도 사이에 걸쳐 있어 다양한 기후대가 존재하지요. 다양한 지형과 기후를 가진 국가답게 아시아에서 가장 많은 종류의 동물들이 서식하는데, 그중에서도 인도를 대표하는 동물은 단연 코끼리라고 할 수 있답니다. 인도에서는 코끼리가 행운과 부를 가져다준다고 믿고 있어요. 이 외에도 많은 동물이 서식하고 있어, 아프리카 못지 않은 동물들의 왕국이라 할 수 있답니다.

- **수도** 뉴델리
- **면적** 3,287,263㎢
- **인구** 약 14억 2,429만 명(2023년 유엔 기준)
- **화폐** 루피
- **언어** 힌디어(40%) 외 14개 공용어, 영어(상용어)
- **종교** 힌두교 80.5%, 이슬람교 13.4%, 불교, 기독교, 자이나교 등

인도의 역사

인도는 인류 문명의 최초 발생지 중 하나예요. 인더스강을 중심으로 발전한 인더스 문명은 기원전 2천 5백 년경부터 약 1000년간 번성했어요. 이후 유목 생활을 하던 아리아인들이 인도로 들어와 새로운 문화를 만들었어요.

기원전 4세기경에는 마우리아 왕조의 아소카 왕이 인도를 최초로 통일했어요. 이후 쿠산 왕조를 거쳐, 굽타 왕조가 북인도를 지배하게 되었는데, 이 시기에 종교를 비롯한 과학과 기술, 예술, 문학 등 다양한 분야가 발전을 하게 됩니다.

12세기부터는 이슬람 세력인 델리술탄 왕조가 북인도를 장악하지요. 하지만 1526년 무굴 제국에 의해 인도는 다시 통일이 됩니다. 이 시기에 인도 최고의 걸작인 타지마할이 만들어지는 등 여러 분야에서 화려한 인도 문화를 꽃피웠어요. 하지만 그것도 잠시, 내란으로 혼란스러워진 무굴 제국은 결국 1739년 페르시아에 침공을 당하고 맙니다.

18세기 들어 영국은 동인도 회사를 통해 인도에 침투하고, 이후 인도를 직접 지배하게 되었어요.

그러다 마하트마 간디가 독립운동을 주도하게 되면서 세계 여론의 지지를 얻은 인도는 드디어 1947년 8월 15일 영국으로부터 독립을 합니다.

이후, 인도는 크고 작은 분쟁에 휩싸이기는 했지만 경제 성장을 하면서 많은 발전을 이루어 나가고 있답니다.

2장

낯선 골짜기에 떨어진 아이들

가루다 여신을 만나다

나는 고개를 갸웃거리며 앞서 걸었어. 골짜기를 벗어나기 위해 잘 살피면서 걷는데도 같은 풍경만 계속 보이지 뭐야.

"저 나무, 아까 분명 봤는데!"

"아무래도 우린 계속 같은 곳을 맴돌고 있는 것 같아!"

내 말에 가윤이와 사고가 동시에 고개를 끄덕였어.

"나도 같은 생각을 했어!"

"생각을 좀 해 보자! 여긴 어디쯤일까?"

주변을 두리번거리던 사고가 풀숲을 가리키며 소리쳤어.

"저기 저 바위 좀 봐!"

풀숲 사이로 돌 조각상 같은 게 보였어.

조각상을 향해 달려갔던 우리는 깜짝 놀랐어. 사람의 몸체에 독수리의 머리와 날개, 다리를 가진 조각상이었거든.

"이건 괴물 조각상이잖아! 누가 이런 걸 만들었지?"

내가 소리쳤어.

"이건 가루다야! 그런데 가루다가 왜 여기에 있지?"

가윤이가 놀란 듯 눈을 동그랗게 뜨고 머리를 갸웃거렸어.

"가루다? 가루다가 뭐야?"

"가루다도 몰라? 인도의 전설에 나오는 신이잖아!"

사고가 퉁명스럽게 대꾸했어.

"아, 그 가루다! 그런데 인도의 조각상이 왜 우리나라에 있지?"

나는 인도의 가루다 조각상이 계곡의 풀숲에 방치되어 있는 게 이상해 보였어. 가끔 불상이 조각된 것은 봤지만 가루다 조각상은 처음 봤거든.

"책에서만 봤는데 이렇게 생겼구나! 인도 여행 가서 보고 싶었는데 우리나라에서 보게 될 줄이야!"

가윤이가 끼어들며 말했어.

"그런데 먼 나라 인도의 조각상이 왜 여기에 있을까?"

"그러게? 이거, 이거 냄새가 나는걸!"

사고가 킁킁거리며 조각상의 위아래를 살펴보았어.

"무슨 냄새가 난다고 그래? 아무 냄새 안 나는데."

가윤이가 순진한 얼굴로 물었어.

"며칠 전에 뉴스에서 봤는데, 밀수꾼들이 가끔 밀수품을 숲에 숨겨 놓기도 한대."

사고의 말에 퍼뜩 드는 생각이 있었어.

"맞아! 예전에 진시황릉의 병마용을 밀수하려던 일당이 잡힌 기사를 읽은 것 같아! 그럼 이것도 인도의 유물을 몰래 훔쳐 온 걸까?"

내가 말을 끝내기도 전에 사고가 손바닥을 쭉 내밀었어.

"오빠도 그 생각했어? 나도 그랬는데."

사고와 내가 손바닥을 마주치며 팔딱팔딱 뛰자, 가윤이가 팔짱을 낀 채 우리 둘을 번갈아보았어.

"너희 둘은 알면 알수록 미스터리야!"

인도의 신 이야기

새처럼 생긴 신의 새 가루다

가루다는 인간의 몸체에 독수리의 머리와 부리, 날개, 다리, 발톱을 갖고 있는 모습으로 묘사돼요. 창조신 브라흐마의 아들 카샤파와 다크샤의 딸 비나타 사이에서 태어난 아들이지요. 가루다는 가장 위대한 새이며, 우주의 수호자 비슈누의 신봉자가 되어 비슈누의 탈 것으로 선택되었다고 해요.

태국과 인도네시아는 가루다의 형상을 국가 문장으로 사용하기도 해요. 원래는 불교나 힌두교의 상징이었지만, 지금은 크게 상관하지 않아요.

"뭐가 미스터리야?"

사고가 어깨를 들썩이며 물었어.

"이럴 때 보면 정말 쿵짝이 잘 맞는 것 같고, 또 어떨 때 보면 원수 같거든. 너희도 같은 생각이지?"

가윤이의 말에 나와 사고가 피식피식 웃음을 터뜨렸어.

그때였어. 갑자기 주변이 점점 어두워졌어. 본능처럼 하늘을 올려다 보던 우리는 깜짝 놀라고 말았지. 아까 우리를 쫓아왔던 어마어마하게 큰 독수리가 쏜살같이 계곡 쪽으로 날아오지 뭐야.

"괴물 독수리야!"

우리는 재빨리 수풀 속에 몸을 숨긴 채, 독수리의 행동을 지켜보았어. 독수리는 바로 우리 코앞까지 돌진해 왔어.

독수리는 부드럽게 땅으로 내려오더니 재빨리 뭔가를 낚아챘어. 맙소사, 땅바닥에 축 늘어져 있던 사슴이었어. 그 순간 내 머릿속에 『아라비안나이트』의 한 장면이 떠올랐어.

"그래! 바로 그거야! 얘들아, 어서 소리 질러! 이야! 야!"

나는 소리치며 주변의 돌덩이를 주워 독수리를 향해 던졌지.

"야, 뭐 하는 짓이야!"

놀란 가윤이가 못마땅한 듯 나를 째려보았어.

"너희들, 『아라비안나이트』 읽어 봤지? 거기서 신드바드가 황금 계곡을 빠져나가기 위해 어떤 방법을 썼는지 떠올려 봐!"

가윤이와 사고도 기억이 났나 봐. 표정을 바꾸고는 마구 소리를 지르더라고. 그러자 독수리가 놀라서 사슴을 바닥으로 떨어뜨리고는 도망쳐 버렸지.

우리는 독수리가 다시 오기 전에 사슴을 재빨리 수풀 속으로 감췄어.

"이제 어떻게 해?"

사고가 내게 물었어.

"신드바드처럼 저 사슴 고기를 우리 셋의 몸과 묶은 뒤 기다려 보는 거야. 다시 독수리가 나타나 고깃덩이를 물고 날아오르겠지? 그럼 우리는 계곡을 빠져나가자마자 비명을 질러 독수리를 놀라게 한 다음 도망을 가자."

나는 가윤이와 사고에게 어떻게 해야 할지 막힘없이 설명했어.

"하지만 우리 모두 무사히 계곡을 빠져나갈 수 있을까?"

"맞아! 사슴과 묶을 끈도 없고, 또 무게를 견디지 못하고 끈이 풀리면 우리는 다시 계곡으로 떨어지고 말 거야."

가윤이가 시무룩한 표정으로 말했어.

"걱정 마! 칡넝쿨로 끈을 만들면 튼튼할 거야."

나는 칡넝쿨을 하나 가져와 아이들에게 보여 주었어. 칡넝쿨은 우리가 생각했던 것보다 훨씬 튼튼하고 질겼어. 나는 칡넝쿨로 우리 몸과 사슴을 굴비처럼 단단히 엮었어.

이윽고 독수리가 나타나서는 단숨에 사슴을 움켜쥐었지. 우리는 숨을 죽인 채 독수리가 날아오르기를 기다렸어. 곧 독수리가 힘차게 하늘로 날아올랐지.

독수리와의 한판 승부

독수리는 초원을 완전히 지나쳐 넓은 벌판에 도착했어. 온통 흙과 바위밖에 없는 벌판에 도착해서야 독수리는 먹잇감을 땅에 내려놓았지.

"콕, 콕!"

독수리가 사슴을 쪼는 소리가 들렸어. 바로 가까이에서 사슴 고기를 먹는 소리를 듣자니 가슴이 콩닥거리면서 점점 두려워졌어. 우리는 공포심에 바들바들 떨었지.

사슴 아래 깔린 우리는 버둥대기 시작했어. 잘못하다간 우리가 독수리의 먹잇감이 될지도 몰라.

그때였어. 퍼덕이는 소리가 요란하게 들려왔어. 사슴 밑에서 삐죽 얼굴을 내밀고 봤더니, 세상에나! 독수리 두 마리가 싸움을 벌이고 있는 거야. 먹잇감을 서로 차지하려고 싸우는 것 같았어.

우리는 필사적으로 끈을 풀 방법을 찾기 시작했어. 때마침 내 눈에 날카로운 돌멩이가 눈에 띄었지. 나는 그 돌멩이로 끈을 자르기 시작했어. 곧 우리를 묶었던 끈이 풀어졌지.

다행히 독수리들은 우리 존재를 눈치채지 못한 채 치열하게 싸우고 있었어. 하지만 우리는 곧 독수리에게 들키고 말았어.

"뛰어!"

사고가 소리쳤어. 우리는 필사적으로 도망을 쳤어.

앗, 그런데 가윤이가 달리다가 그만 넘어지고 만 거야. 독수리가 가윤이에게 달려들려고 하자, 나는 생각할 겨를도 없이 독수리 앞을 가로막았어.

나는 주변에 있는 나뭇가지를 들고 독수리가 다가오지 못하게 막았어. 독수리는 먹잇감으로 생각했는지 계속해서 나를 공격해 왔어. 날카로운 발톱으로 위협하는 독수리 앞에서 나는 겁이 덜컥 났어. 나보다 몇 배는 큰 독수리를 이길 수는 있을까? 다른 방법을 찾아야 했어.

그때, 다른 독수리가 사슴 고기를 쪼아 먹고 있는 게 보였어. 나는 사슴 쪽으로 달렸고, 나를 공격하던 독수리는 방향을 틀었어.

내 예상은 적중했어. 독수리는 자신이 가져온 사슴 고기를 뺏기게 되자 단단히 화가 난 모양이야. 푸드득 날갯짓을 하며 독수리가 사슴 쪽으로 날아갔고, 그 틈에 나는 가윤이에게 달려갔어.

"괜찮니?"

"네 걱정이나 해! 피가 나잖아!"

가윤이가 내 팔에 난 상처를 보며 얼굴을 찌푸렸어. 독수리의 공격을 받다가 부리에 팔을 쪼였나 봐.

"괜찮아! 하나도 안 아파!"

나는 아무렇지 않게 손수건으로 피를 닦아 냈어.

그때였어. 또다시 독수리가 우리를 향해 날아오는 거 아니겠어?

"얘들아, 어서 뛰어!"

인도 한눈에 알아보기

인도 최초의 문명, 인더스 문명

세계 4대 문명의 하나인 인더스 문명은 인도의 인더스강 유역에서 시작되었어요. 다른 문명과 달리 1920년대에 이르러서야 알려졌답니다.

1921년 영국의 고고학자인 존 마셜이 현재 파키스탄 동부 지역에서 고대 도시인 '하라파'의 언덕을 조사하던 중 우연히 고대 도시의 흔적을 찾아내면서 세상에 알려졌지요. 그로부터 1년 뒤, 하라파에서 남동쪽으로 조금 떨어진 인더스 강변의 '모헨조다로'라는 마을 근처에서 또 다른 고대 도시의 유적을 발견했어요. 모헨조다로 유적지는 훼손이 심하지 않아서 인더스 문명의 실체를 살펴볼 수 있었다고 해요.

모헨조다로의 대형 목욕탕

모헨조다로에는 최고의 목욕 시설이 갖춰진 대형 목욕탕과, 회의장, 사원, 곡물 창고 등이 있었어요. 벽돌로 지어진 대형 목욕탕이 여러 개 있었는데, 가장 큰 것은 가로 55m, 세로 33m나 된다고 해요.

특히 놀라운 건, 당시로서는 상상도 못할 수준 높은 상하수도 시설을 만들어 사용했다는 거예요. 상하수도 시설을 통해 당시 사람들은 각 가정에서 사용한 물을 하수도를 통해 강에 버렸다고 해요.

인더스 문명이 남긴 최대의 도시 유적답게 모헨조다로에서는 수많은 유물이 출토되었어요. 대표적인 것이 소녀 무희의 동상과 수많은 동물상이랍니다.

2022년 파키스탄에 폭우가 쏟아져 유적이 훼손된 점이 안타까워요.

3장

인도의 갠지스강이라고?

인도에서 만난 아이들

얼마나 달렸을까? 어디선가 아이들이 깔깔대며 웃는 소리가 들려왔어. 우리 셋은 누가 먼저랄 것도 없이 웃음소리가 나는 곳으로 뛰어갔어. 사람들이 많이 있는 곳이라면 독수리로부터 안전할 것 같았거든.

"사람 살려!"

우리는 목청껏 비명을 질렀어. 그러자 강가에 있던 아이들이 고개를 들어 우리를 쳐다보았지.

"훠이! 훠이!"

아이들이 강가에서 소리를 질러 댔어. 그러자 독수리가 공중을 한 바퀴 휘 돌더니 어디론가 날아가 버렸어.

한 무리의 아이들이 무슨 일인지 궁금해하며 우리를 향해 달려왔어.

"얘들아! 괜찮니?"

"우아, 너희들 덕분에 살았어! 고마워!"

사고가 아이들에게 인사를 했어. 그런데 아이들은 사고의 인사는 받는 둥 마는 둥 미심쩍은 눈초리로 우리 셋을 이리저리 살펴보았어.

앗, 그러고 보니 아이들의 모습이 우리와 달랐어. 우리보다 피부색이 어두웠어. 맙소사, 우리가 또 다시 다른 나라로 여행을 온 건가 봐!

"너희들은 어디서 왔니?"

내 또래 남자아이가 물었어. 나는 깜짝 놀랐지. 분명 우리나라 사람이 아닌데, 그 아이의 말을 내가 알아들을 수 있었기 때문이야.

"우린 아주 먼 데서 왔어. 여기는 어디야?"

내가 아이들에게 되물었어.

"여긴 갠지스강이야!"

아이들 중 하나가 대답을 해 주었지.

"갠지스강이라면 인도에 있는 강인데!"

가윤이가 겁이 잔뜩 난 표정으로 중얼거렸어.

"여기가 인도란 말이야?"

우리는 어이가 없었지.

"응! 여긴 인도야."

짧은 머리의 남자아이가 또박또박 대답했어.

인도의 문화유산 이야기

신성한 갠지스강

갠지스강은 인도 북부의 초원 지대를 동서로 가로질러 벵골만으로 흘러드는 강이에요. 힌두교를 믿는 인도 사람들은 갠지스강이 비슈누 신의 발뒤꿈치에서 흘러나온 물이라고 생각한대요. 갠지스강 물에 목욕을 하거나 강물을 마시면 그동안 지은 모든 죄를 용서받을 수 있다고 믿기 때문에 인도 사람들이 가장 신성하게 여기는 강이에요.

"너희도 나쁜 짓을 한 모양이구나!"

귀엽게 생긴 남자아이가 빤히 나를 쳐다보며 물었어.

"내가? 아닌데!"

내가 남자아이를 향해 어깨를 으쓱해 보였어.

"사실 우린 갠지스강에 우리의 죄를 용서받으러 왔거든! 너희도 그런 줄 알았지."

남자아이가 부끄러운 듯 머리를 긁적이며 대답했어.

“죄를 용서받는다고?”

사고가 흥분해서 외쳤어. 그러더니 내 옷자락을 자기 쪽으로 잡아끌었어.

“뭉치, 아니 오빠야, 또 요괴 여행이 시작되었나 봐!”

사고가 내 귀에 대고 소곤거렸어.

“우아, 무슨 이런 경우가 다 있냐? 어쩐지 괴물 독수리가 등장할 때부터 심상치 않더라니.”

나와 사고는 몇 번 요괴들과 여행을 했던 경험 덕분인지 많이 놀라지 않았지. 그런데 가윤이가 심하게 충격을 받은 모양이었어. 가윤이가 인상을 쓰며 입술을 마구 깨물었어.

"너희 둘! 나랑 얘기 좀 하자!"

가윤이가 나와 사고를 한쪽으로 불러 세웠어.

"이게 다 무슨 소리야? 요괴는 뭐고? 왜 우리가 인도에 와 있는 거야? 설명해 봐."

가윤이가 눈을 동그랗게 뜨며 나와 사고를 번갈아 쳐다보았어. 초롱초롱한 눈빛으로 쳐다보는 가윤이를 보고 있자니 한숨이 절로 나왔어.

'뭐라고 설명해야 하지?'

사고와 나는 가윤이에게 할 적당한 말을 찾느라 진땀을 뻘뻘 흘렸지.

"그게 말이야."

사고가 먼저 입을 열었어. 그런데 가윤이가 사고의 말을 가로챘지.

"이건 정말 말도 안 돼! 분명 꿈도 아닌데, 여기가 인도라니! 말 좀 해 봐! 이럴 수는 없잖아! 그치? 그리고 백번 양보해서 여기가 인도라고 치자. 어떻게 우리가 인도 아이들의 말을 알아들을 수가 있지? 난 인도 말은 하나도 모르는데!"

가윤이는 이 상황이 믿기지 않은 듯 고개를 가로저었어. 도대체 뭐라고 설명해야 가윤이를 이해시킬 수 있을까?

가윤이 설득 대작전

"가윤아! 뭐라고 설명을 해 줘야 네가 이해할 수 있을지 모르겠어. 맞다! 너 브이알(VR, 가상 현실) 게임 해 봤지?"

나는 이리저리 머리를 굴려 가며 가윤이에게 설명을 시작했어.

"설마 이게 진짜 게임 속이라는 말은 아니겠지? 우린 게임을 하지 않았으니까!"

가윤이가 몸을 앞으로 굽히고 물었어.

"물론 게임 속은 아니지……."

사고가 힘없이 대답했어.

"게임도 아니고 꿈속도 아니고, 무슨 이런 경우가 있지? 뭉치야, 너희들 설마 이런 여행을 예전에도 했던 건 아니겠지?"

가윤이가 갑자기 내게 물었어. 나는 침을 꼴깍 삼켰지.

"넌 믿기 힘들겠지만 사실 우린 몇 번 이런 여행을 했어."

"맙소사!"

가윤이는 정말 많이 놀란 듯했어.

가윤이가 기다란 자기 머리카락을 잡더니 둥그렇게 빙글빙글 돌렸어. 뭔가 고민을 할 때마다 하는 가윤이의 버릇이었지. 그러더니 곧 가윤이가 빙그레 웃기 시작했어.

"괘, 괜찮아?"

사고가 가윤이의 표정을 살피며 조심스럽게 물었어.

"응. 조금 겁은 나지만 너희들이 이런 여행을 몇 번 했다는 건 무사히 집에 돌아갈 수 있다는 거잖아. 좋게 생각할래."

뜻밖의 말에 나와 사고는 어색하게 웃음을 지었어.

"그, 그래! 뭐 생각하기 나름이니까."

사고가 내 눈치를 살피며 중얼거렸어.

"가윤아, 정말 괜찮아?"

나도 가윤이의 반응이 믿기지 않아 천천히 되물었어.

"난 괜찮다니까! 고대 문명이 시작된 인도에 오게 되다니 정말 꿈만 같아!"

가윤이가 두 손을 마주잡고 중얼거렸어.

"인도에서 고대 문명이 시작되었어?"

"응! 세계 4대 문명 몰라? 황허 문명, 메소포타미아 문명, 인더스 문명, 이집트 문명. 인더스 문명이

바로 인도에서 시작된 문명이야!"

가윤이가 아는 척했어. 그때 인도 아이들이 우리를 향해 손을 흔들었어.

"우아, 난 갠지스 강물이나 먹어야겠다."

가윤이가 이렇게 말하며 강물로 뛰어들었어.

"강물을 먹겠다고? 야, 더러운 강물을 왜 먹어?"

사고가 가윤이에게 소리쳤어.

"호호호! 인도 사람들은 나쁜 행동을 용서받기 위해 갠지스강에서 목욕하고 강물을 마신대. 나도 아까 뭉치한테 버럭 화를 내고 나쁜 행동을 했잖아! 그래서 용서 좀 받으려고!"

가윤이가 이렇게 말하며 눈을 찡긋거렸어.

나와 사고는 멍한 표정으로 가윤이가 인도 아이들과 어울려 노는 모습을 지켜보았어. 너무도 자연스럽게 인도 아이들과 어울리는 모습을 보며 사고가 가만히 내 귀에 속삭였어.

"오빠야, 이거 잘된 일이지?"

"그래! 일단은 잘된 일인 것 같아."

"난 가윤이가 울고불고하면 어떻게 해야 되나 진짜 고민했어."

사고가 마음을 놓은 듯 미소를 지으며 말했어.

인도의 문화유산 이야기

고대 문명의 발상지 인도

인도의 인더스강은 4대 문명의 발상지 중 하나예요. 기원전 2500년부터 인더스강 주변으로 도시들이 생겨났고, 청동기 문명을 바탕으로 한 인더스 문명이 생겨났어요. 인도(INDIA)라는 나라 이름과 힌두(Hindu)교라는 종교 이름이 모두 이 강의 이름인 인더스(Indus)에서 유래되었지요.

인도 한눈에 알아보기

힌두교의 신, 너의 정체가 궁금해!

인도는 3억 3,000만 종류의 신이 존재하는 다신교의 나라예요. 고대 인도 사람들은 자신의 생활에 맞게 신을 선택해서 믿었어요. 농사를 짓고 사는 농부는 대지의 여신이나 풍요의 여신을 믿었고, 유목민들은 태풍의 신을 믿었으며, 장사를 해서 먹고사는 상인은 번영의 여신을 믿었어요.

인도 사람들이 가장 많이 믿고 잘 알려져 있는 힌두교의 신은 비슈누, 시바, 크리슈나 등이에요.

유지의 신 비슈누

비슈누는 세상을 구원하고 생명을 지켜 주는 신이에요. 인도 신화에 등장하는 브라흐마, 시바와 함께 힌두교 3대 신이지요. 우주를 유지 보존하고 진리를 수호하는 비슈누는 주로 검푸른 피부에 화려한 옷차림을 한 젊은 남성으로 묘사됩니다. 악과 싸우며 사람들을 보호하는 자애로운 신이랍니다.

파괴의 신 시바

시바는 파괴의 신이에요. 원래는 부와 행복을 가져다주는 신이었지만 나중에 무서운 파괴의 신으로 변했다고 해요. 시바 신은 소를 타고 다니기 때문에 시바 신의 곁에는 늘 소가 함께해요.
보통 갠지스강이 흘러내리는 머리에 세 개의 눈, 검푸른 몸을 지닌 모습으로 묘사되며, 삼지창인 트리슈라를 갖고 있어요.

비슈누 신의 가장 중요한 화신, 크리슈나

비슈누 신의 여덟 번째 화신인 크리슈나는 열 명의 화신 중 가장 널리 알려져 있고, 힌두교에서 가장 사랑받는 신이에요. 주로 악한 왕이나 악귀를 물리치는 영웅신으로 알려져 있어요. 농업과 목축을 관장하는 신이에요.

4장

초대받은 아이들

멋진 옷을 입고 인도인으로 변신!!

잠시 후, 가윤이가 강물에 젖은 머리를 찰랑거리며 우리에게 다가왔어. 가윤이는 한껏 들뜬 표정으로 말했지.

"나 캐서린 집에 초대받았어."

"금세 친구를 사귄 거야? 대단하다, 너! 그런데 캐서린이 누구야?"

"저기 귀엽게 생긴 아이 있지? 쟤 이름이 캐서린이야."

나는 가윤이가 가리키는 아이를 흘낏 쳐다보았어. 다행히 남자아이가 아니고 여자아이라는 걸 확인한 나는 배시시 웃었어.

"인도 아이 이름이 영국식 이름이네?"

사고가 신기하다는 듯 물었어.

"그건 인도가 영국의 식민지였기 때문이래. 그래서인지 영국 이름을 가진 아이들이 많더라고."

가윤이가 활짝 웃으며 아는 척했어. 2미터쯤 뒤에서 캐서린이 우리에게 손짓을 했어.

"가윤아, 어서 가자!"

마침 배에서 꼬르륵 소리가 들려왔지.

"어서 가자! 배고파 죽겠어!"

가윤이가 나와 사고의 손을 덥썩 잡아 이끌었어.

우리는 캐서린의 집으로 향했어.

"어서들 와! 난 캐서린의 언니 레나야."

캐서린의 언니가 우리를 반갑게 맞아 주었어. 반짝이는 장신구와 함께 온몸을 휘감은 듯한 화려한 옷이 내 시선을 확 끌었지.

"인도 옷인가 봐! 멋지다!"

가윤이와 사고는 레나의 아름다운 모습에 눈을 떼지 못했어.

인도의 문화 이야기

인도 여자들의 옷, 사리

사리는 인도 여자들이 입는 옷으로, 바느질이 안 된 한 장의 긴 천으로 되어 있어요.

사리는 아주 긴 직사각형의 천으로 되어 있는데, 이것을 허리에 감은 뒤 어깨에 두르거나 머리에 덮어씌워 온몸을 감싼답니다.

사리는 입는 사람의 지위에 따라 그 문양이나 색깔 등이 많이 다르다고 해요.

"가윤이 옷이 많이 젖었는데, 이 옷으로 갈아입을래?"

캐서린이 알록달록 화려한 옷을 가지고 나왔어.

"이게 뭐야?"

"이건 사리야! 인도 여자들이 입는 옷이라고 할 수 있어."

"정말 예쁘다. 우리나라의 한복처럼 인도의 전통 옷인가 봐!"

옷을 펼쳐 보며 가윤이가 말했어.

"이건 꼭 보자기처럼 생겼네? 이걸 어떻게 입으라는 거야?"

가윤이의 말에 캐서린이 입는 방법을 찬찬히 가르쳐 주었어.

사리를 입은 가윤이를 사고가 부러운 눈으로 쳐다보았어. 캐서린의 언니 레나가 사고에게 물었어.

"너도 입어 보고 싶니?"

"네!"

사고의 씩씩한 대답에 레나는 환하게 웃으며 사리 한 장을 가지고 나왔어. 사고는 재빨리 사리를 몸에 걸쳤어.

"너희들 꼭 인도 여자 같아!"

나는 사리를 입은 가윤이와 사고의 예쁜 모습에서 눈을 조금도 떼지 못했어.

"이것도 해 봐!"

레나는 인도 여자들이 하는 액세서리까지 선물해 주었어. 염주처럼 생긴 구슬 팔찌와 목걸이였지. 사고는 레나가 준 목걸이를 하기 위해 항상 차고 다니던 목걸이를 벗었어.

"오빠, 이것 좀 가지고 있어. 잃어버리면 큰일 난다."

"이건 할머니가 주신 대추나무 목걸이잖아? 잃어버리게 이런 걸 왜 하고 다니니?"

나는 사고의 목걸이를 받아 주머니에 잘 넣었지.

인도의 축제 속으로

"어때? 맘에 드니?"

레나가 물었어.

"네, 너무 맘에 들어요!"

가윤이와 사고는 염주처럼 생긴 구슬 팔찌와 목걸이를 걸치고 너무나 행복해했어.

그사이 캐서린의 엄마가 음식을 가지고 나왔어. 큰 접시에 밥과 얇은 빵, 그리고 몇 가지 반찬이 있었지.

"수저가 없는데 어떻게 먹으라는 거야?"

나는 눈치를 보며 다른 사람들이 먹는 모습을 지켜보았어. 캐서린이 얇은 빵을 찢어 밥과 반찬을 손으로 싸서 먹기 시작했어. 그 모습을 본 우리는 그대로 따라 했지.

"어때? 먹을 만하니?"

캐서린의 엄마가 물었어.

"네! 맛있어요. 특히 빵이 고소하고 맛있네요."

"그럼 차파티 좀 더 줄까?"

"차파티가 뭐예요?"

가윤이의 질문에 레나가 대답을 했어.

"여기 얇은 빵이 차파티야. 차파티는 밀가루를 반죽하여 둥글고 얇게 만들어 구운 빵이야."

레나가 찬찬히 설명을 해 주었어.

배불리 인도 음식을 먹은 우리는 밖으로 나왔어.

앗, 그런데 거리에 갑자기 사람들이 많아진 거야.

"여긴 왜 이렇게 복잡해?"

"사람들이 홀리 축제를 즐기러 나왔기 때문이야. 사람들이 많아서 시끄럽고 복잡하니까 서로 헤어지지 않게 조심해!"

캐서린이 우리에게 당부했어.

인도의 문화이야기

인도 사람들은 손으로 음식을 먹는다?

인도 사람들은 손으로 음식을 먹어요. 그런데 이때 반드시 오른손으로 음식을 집어 먹는답니다. 왼손은 화장실에서 볼일을 보고 뒤처리를 할 때 사용하는 손이기 때문에 오염된 손이라고 생각하거든요.

"홀리 축제는 어떤 축제야?"

"홀리는 우리 인도의 새해맞이 축제라고 할 수 있어."

캐서린의 말이 채 끝나기도 전에 어떤 꼬마가 갑자기 우리에게 빨간 물감을 뿌렸어. 나는 재빨리 몸을 피했지. 하지만 캐서린과 가윤이, 사

고가 동시에 빨간 물감을 뒤집어쓰고 말았어.

“우리 인도 사람들은 홀리 축제가 열리면 모두 거리로 뛰어나와 빨간 물감을 서로에게 뿌리며 축제를 즐겨. 이때 빨간색 물감을 뒤집어쓰면 건강하고 행복하게 살 수 있다고 믿고 있지.”

캐서린의 말에 가윤이와 사고는 불쌍하다는 듯이 나를 동시에 쳐다보았어.

“뭐야? 그 눈빛은! 기분 나쁜데!”

나는 슬쩍 눈을 흘기며 대꾸했어.

아무리 복을 주는 물감이라고 하더라도 피처럼 보이는 물감은 뒤집어쓰고 싶지 않다고!

앞서 걷던 캐서린이 사원 앞에서 우뚝 걸음을 멈추고는 말했어.

“여기가 우리 마을 사람들이 기도하는 사원이야! 난 기도를 하러 들어가야 해. 기다려 줄래?”

캐서린이 빙그레 웃으며 말했어.

“이 건물이 힌두교 사원이구나! 우리는 들어가면 안 돼?”

“안 될 것 없지만 힌두교 사원인데 괜찮겠어?”

“물론이지! 힌두교 사원이 어떤 곳인지 보고 싶어.”

우리는 그렇게 사원 안으로 들어갔어.

인도 한눈에 알아보기

인도의 음식 문화

인도의 음식은 지역에 따라 약간 달라요. 남부에서는 쌀밥을 먹고, 북부에서는 밀가루로 만든 빵인 로띠를 주식으로 먹어요. 여기에 콩으로 만든 음식, 과일과 채소로 만든 소스, 고기와 생선 등이 추가로 나오기도 해요. 인도는 향신료의 나라예요. 더운 날씨 탓에 음식 맛을 다양하게 살려 주는 향신료가 발달하여 향신료의 종류만 해도 3,000여 가지가 넘는다고 해요.

진흙 화덕에서 구워 낸 탄두리 치킨

탄두리 치킨은 '탄두리'라고 하는 인도식 진흙 화덕에서 구워 낸 닭 요리예요. 인도를 여행하는 한국 사람들에게 아주 인기가 많은 요리로, '난'이라는 이름의 빵과 채소가 곁들여 나온답니다.

인도의 정식, 탈리

탈리는 인도의 정식 요리로, 큰 접시에 여러 가지 음식을 담아 먹는 요리예요. 밥과 채소, 반찬, 그리고 인도의 전통 케이크인 달콤한 미타이가 나와요.

카레

카레(curry)는 여러 종류의 인도 향신료를 넣어 만든 스튜(stew)라는 뜻이에요. 인도에서는 20여 가지의 재료(커큐민, 강황, 후추, 계핏가루, 겨자, 생강, 마늘, 박하 잎, 칠리 페퍼, 정향 등)를 섞어 만든 향신료를 카레라고 하는데, 일본을 거치면서 고기와 감자, 양파, 당근 등이 들어간 지금의 카레가 되었답니다.

라마왕자의 대모험 속으로

턱
휘이이잉
으아아악!
신이시여!
코살라 왕국에 왕자가
태어나게 해 주세요!
이거 어디서
많이 보던 모습인데!
어디서 봤더라!
생각났어!
이거 라마의 모험
이야기야!
라마가 누구야?
라마는 먼 옛날
인도의 왕인데
비슈누의 화신이라고
알려져 있어.

우리는 커다란 텔레비전을 보는 것처럼
라마 왕자의 일생을 엿볼 수 있었어.
코살라 왕국의 세 왕비가 모두 아들을 낳았는데 그중 첫째가 라마야.
라마가 왜 비슈누의 화신이야?
라바나라는 마왕을 물리치기 위해 비슈누 신이 인간으로 태어난 것이거든.

라마 왕자님,
라바나의 부하들이
인간들을 괴롭히고 있습니다.
그들을 물리쳐 주소서!
좋소!
내가 돕겠소!
형,
나도 갈게!
라마는 동생 락슈만과 함께 길을 떠났지.
시바 신의 활을 쓴 자에게
내 딸 시타라 공주를 주겠다!
와글 와글
그런데 아무도 활을 들 수조차
없었어.
끙~

휘익
앗
라마 왕자는 아주 쉽게 활을
들고 쏠 수 있었지.
아까 주운 화살이
이거였어?
콰앙
나와 함께 코살라
왕국으로 갑시다.
좋아요.
하지만 코살라 왕국에서
라마 왕자는 어려움을 겪게 돼.
바로 계모 카이케이 왕비 때문이었지.
왕이시여!
언제든 소원을
말하라 하셨지요?
말해 보시오!

라마 왕자를 당장 왕국에서 추방시켜 주세요!
저도 같이 가겠어요!
그렇게 라마 왕자는 이복동생 락슈마나와 14년 동안 왕국을 떠나 있게 돼.
훌륭한 왕이 되었을 텐데. 안타깝다.
추방당한 왕자는 깊은 숲속에서 지내고 있었어.
그런데 악마 라바나가 시타라를 납치해 버린 거야. 시타라와 결혼하면 세상을 지배하는 힘을 얻게 되거든.
시타라가 납치됐어요!

넌 누구지?
내가 보여?
막이 뚫렸잖아!
우린 공주님을 지키는 사람들이에요.
라마 왕자는 원숭이 나라로 갔고,
원숭이 장군이자 바람의 신 하누만이 도움을 주었지.
공주를 곧 찾을 겁니다.
원숭이 부대와 악마의 부하들은 치열하게 싸웠어.
와아
그때 악마가 모습을 나타냈고,
아
라마 왕자가 악마를 향해 활을 쏘았어.
파앗

으악
악마를 물리치자, 신들이 나타나 라마와 시타라의 진짜 정체를 알려 주었어.
라마, 고생했소!
당신은 원래 하늘나라의 비슈누이고 시타라는 부인인 락슈미라네.
저 악마를 죽이기 위해 인간으로 태어난 걸세!
영웅이 된 라마 왕자는 코살라 왕국으로 돌아가 왕이 되었지.
고맙다! 너희들 덕분에 공주를 찾을 수 있었어!
행운을 빌게.
시타라 공주한테 머리핀을 받고 사원을 나가려는데, 막에 갇혀 버렸지 뭐야. 도대체 어떻게 된 일이지?
쿠당
철
퍽
쿵

5장

인도의 신화 속에 갇히다

사고의 변신

"야, 일어나! 일어나란 말이야!"

누군가 내 몸을 마구 발로 찼어. 겨우 정신을 차리고 몸을 일으키는데, 이상하게 머리가 깨질 듯이 아프고 몸은 쇳덩어리라도 되는 것처럼 무거웠어.

나는 주변을 두리번거리며 살폈어. 그런데 이상한 옷차림을 한 남자와 사고를 꼭 닮은 여자가 나를 내려다보면서 인상을 쓰고 있지 뭐야.

"어서 안 일어나? 할 일이 태산 같은데 낮잠이나 자면 되겠냐?"

남자가 내게 다가와 야단치듯 말했어.

그 모습을 지켜보던 사고가 혀를 끌끌 찼어.

"어디서 저런 게을러터진 놈을 데려온 거냐? 로힛, 로힛! 하인들 관리를 어떻게 하는 거야?"

사고가 짜증스런 목소리로 소리쳤어. 그러자 삐쩍 마른 남자가 하인들과 함께 나타났어.

"주인님! 바로 치우도록 하겠습니다."

하인이 사고에게 쩔쩔매며 고개를 조아렸어.

"야, 너 또 무슨 장난을 하는 거야? 자꾸 날 놀리면 안 봐준다!"

내가 사고를 보며 소리쳤어. 그러자 사고, 아니 정확히 말하면 사고와 꼭 닮은 여자가 인상을 찌푸렸어.

"이게 어디서 자기 주인도 몰라보고 큰소리를 쳐? 어디 맛 좀 볼래?"

로힛과 남자 하인들이 나를 마구 발로 차기 시작했어. 안 그래도 온몸이 아픈데, 때리기까지 하니 화가 날 수밖에.

"아얏! 사고 너! 진짜 아프거든! 빨리 저 사람들한테 멈추라고 해! 도대체 나한테 왜 이러는 거야?"

내가 고래고래 소리를 질렀지.

"이게 미쳤나? 감히 주인한테 소리를 지르고 반항을 해?"

하인들이 나를 때리며 이렇게 말했어.

"사고야, 살려 줘!"

나는 애처로운 눈빛으로 사고를 쳐다보았어. 하지만 사고는 들은 척도 하지 않았어. 아니, 사고는 나를 알아보지 못하는 것 같았어.

"야, 시끄러우니까 데려가!"

사고의 말에 나는 감옥 같은 곳으로 옮겨졌어.

얼마나 맞았는지 내 몸은 온통 멍투성이였고, 저절로 끙끙 앓는 소리가 날 정도로 온몸이 아팠어.

"도대체 얼마나 맞은 거야?"

그때 인자한 표정의 할아버지가 내게 다가왔어. 할아버지는 나무뿌리를 짓이긴 뒤 내 몸에 문지르기 시작했어.

"아앗!"

"조금만 참아라! 이걸 바르면 아픈 게 훨씬 덜할 거야."

할아버지는 빙그레 웃으며 짓이긴 나무뿌리를 열심히 내 몸에 발랐어. 잠시 후 할아버지 말대로 통증이 거짓말처럼 사라졌어.

"이제 하나도 안 아파요. 감사합니다. 그런데 이건 무슨 풀이에요?"

"통증을 없애 주는 마법 풀이란다. 그런데 듣자 하니 너 귀족한테 대들었다며? 너 같은 낮은 계급은 높은 계급에게 대들면 안 되는 거야."

"내가 낮은 계급이라고요? 요즘 세상에 계급이 어딨어요?"

"뭐? 하하하! 참 재밌는 녀석이구나! 아무리 왕이 바뀌고 세상이 바

꿔었다 해도 카스트 제도가 없어지지는 않아!"

'카스트 제도라고?'

나는 곰곰이 생각을 해 봤어.

'똑같이 머리를 박았는데, 사고는 귀족이 되었고 난 하인이 되었어. 이게 어떻게 된 일이지? 참, 가윤이는 또 어디로 간 거야?'

인도의 문화 이야기

카스트 제도

카스트 제도는 사람의 지위를 네 가지로 나눈 인도의 신분 제도예요. 종교를 담당하는 브라만, 정치와 군대를 담당하는 크샤트리아, 상업과 농업을 담당하는 바이샤, 노예 계급인 수드라 등 네 개의 등급과 네 개의 신분에 들지 못하는 불가촉천민이 있었어요.

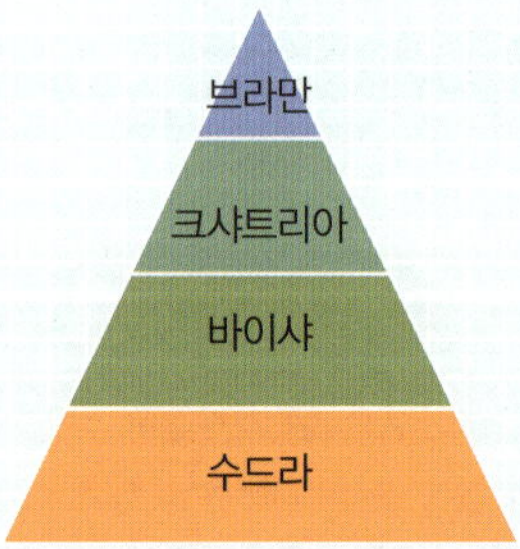

감옥에서 만난 야차

한참 동안 이리저리 머리를 굴리고 있는데, 때마침 사고에게 쩔쩔매던 하인이 먹을거리를 가지고 다가왔어.

"이거 먹어! 우리 주인님이 특별히 내주신 것이니 앞으로 충성하고!"

하인이 무뚝뚝하게 말했어. 그런데 밥그릇이 한 개만 있지 뭐야.

"밥그릇이 한 개뿐이네요! 여기 할아버지 밥은!"

내 말에 하인이 고개를 갸웃거렸어.

"그 안에는 너 혼자밖에 없는데 무슨 헛소리야!"

"여기 할아버지 있잖아요!"

"더 먹고 싶으면 더 달라고 말할 것이지!"

하인이 입술을 삐죽이며 한심하다는 듯이 나를 쳐다보았어.

나는 감옥 안을 둘러보았어. 조금 전까지 분명 내 옆에 할아버지가 있었는데, 감쪽같이 사라지고 없지 뭐야?

"살려면 이거라도 먹어 둬! 언제 음식을 또 먹을지 모르니까!"

하인이 음식 그릇을 두고 나가자, 나는 그릇 안을 들여다보았어. 그릇 안에는 이름도 모를 낯선 음식이 들어 있었어. 입맛이 없었지만 나는 기운을 차리기 위해 꾸역꾸역 먹었지. 하지만 처음 맡아 보는 향신료 향 때문에 먹는 것이 아주 고역이었어.

"얘야!"

할아버지의 목소리가 들려왔어.

"할아버지! 도대체 어떻게 된 일이에요?"

할아버지가 껄껄 웃으며 다가왔어. 그런데 할아버지가 공중에 떠 있는 게 아니겠어? 나는 단박에 할아버지가 보통 사람이 아니라는 걸 눈치챘지.

"할아버지는 누구세요?"

"나? 알고 싶니? 난 야차란다!"

야차라는 이름을 들어 본 것 같았어. 하지만 난 그때까지도 야차가 누군지, 왜 내 앞에 나타났는지 하나도 몰랐지.

"얘야! 너도 네 동생이나 친구처럼 높은 계급이 되고 싶지 않니?"

야차의 말에 나는 이 모든 것이 야차가 꾸민 것이라는 걸 알게 되었지.

"그럼 사고가 귀족이 되고 제가 하인이 된 게 모두 할아버지의 맘대로였다는 말인가요?"

"아니! 정확하게 말하면, 내 맘대로 한 건 아니야. 내 계획은 네 동생과 친구도 너처럼 노예로 만들고 싶었지만, 그 녀석들은 머리핀 때문에 계획이 틀어졌지."

"머리핀이라면 시타 공주에게 선물 받은 그 머리핀?"

나는 너무 놀라 한동안 꼼짝도 할 수가 없었어.

"할아버지! 그런데 왜 사고가 날 알아보지 못하는 건가요?"

"그건 내가 그렇게 만들었기 때문이지. 머리핀 때문에 신분을 노예로 만들 수는 없지만, 기억을 잊어버리게 할 수는 있거든."

"말도 안 돼요!"

"말이 안 되긴! 네가 직접 체험해 보지 않았니? 아마 내 도움이 없다면 넌 평생 인도에서 노예로 살다 죽을 거야. 어때? 평생 노예로 살다 죽을래? 아니면 동생과 친구를 데리고 그리운 집으로 돌아갈래?"

야차가 무서운 표정을 지으며 내게 속삭였어. 나는 흠칫 놀랐어. 좀 전까지의 부드럽고 인자한 모습의 할아버지는 온데간데없이 무서운 표정의 노인이 나를 뚫어져라 노려보고 있었거든.

"그, 그걸 말이라고 물으시는 거예요? 당연히 집에 가고 싶죠!"

나는 기어들어가는 목소리로 대답했어.

"좋아! 아주 맘에 드는 대답이로구나! 그럼 내 부탁을 하나만 들어주렴. 그럼 너희들이 무사히 집으로 돌아갈 수 있게 도와주마."

야차의 말에 나는 이것저것 생각할 여유가 없었어.

"좋아요! 뭘 하면 되나요?"

"케르베로스의 목걸이를 찾아서 내게 가져오너라! 그럼 약속대로 너와 네 동생, 그리고 친구가 무사히 집으로 돌아갈 수 있게 도와주겠다."

야차의 말에 거짓말처럼 떠오른 기억이 있었어. 얼마 전 그리스의 요괴 여행을 다녀온 뒤, 나는 매일 밤 악몽을 꿨어. 그리고 케르베로스

의 목걸이 때문에 악몽을 꾼 거라 생각한 나는 그걸 휴지통에 던져 버렸지.

"케르베로스의 목걸이를 말하는 건가요? 그거라면 이미 버렸는걸요."

내 말에 이미 모든 걸 알고 있다는 듯 야차가 빙그레 웃었어.

"그래! 그랬지! 그런데 그 목걸이가 지금 지하 세계에 있단다. 그 목걸이를 가진 마지막 사람이 주인이 되는데, 네가 그걸 버리는 바람에 그 목걸이의 주인이 영원히 네가 된 셈이지. 그 목걸이를 찾아와 내게 선물해 준다면 나는 목걸이의 주인이 될 거야."

"왜 목걸이의 주인이 되고 싶으신 건데요?"

"그건 특별한 일에 목걸이를 쓰고 싶어서란다. 뭐든 주인을 잘못 만나면 제 쓰임을 다하지 못해. 하지만 제 주인을 만나면 그 쓰임이 특별해진단다."

"제가 뭘 어떻게 하면 되나요?"

"지하 세계로 가는 문을 열어 줄 테니 그곳에서 목걸이를 찾아오렴."

"네! 도와드릴게요. 대신 약속을 꼭 지켜 주셔야 해요."

"물론이지! 난 약속은 꼭 지킨단다."

야차가 고개를 끄덕였어.

나는 당장 야차와 함께 지하 세계로 가는 입구로 향했어.

인도 한눈에 알아보기

인도의 독특한 신분제, 카스트 제도

카스트는 포르투갈 말로 '계급'이라는 뜻이에요. 카스트 제도는 인도의 독특한 계급 제도로 기원전 4세기경 만들어졌다고 해요.

인도 사람들은 태어나면서부터 네 개의 계급으로 나뉘어 각자 할 일이 정해져 있었어요. 네 계급은 브라만, 크샤트리아, 바이샤, 수드라예요.

'브라만'은 여러 가지 제사를 담당하고 경전을 가르치는 사제예요. 제일 높은 계급으로 세금도 안 내고 벌도 받지 않았다고 해요.

'크샤트리아'는 정치와 군사적 업무를 담당하는 계급이에요. 나라를 다스리는 왕족이나 귀족들이 여기에 속하는데, 이들 역시 세금을 내지 않고 온갖 특권을 누리는 계급이었어요.

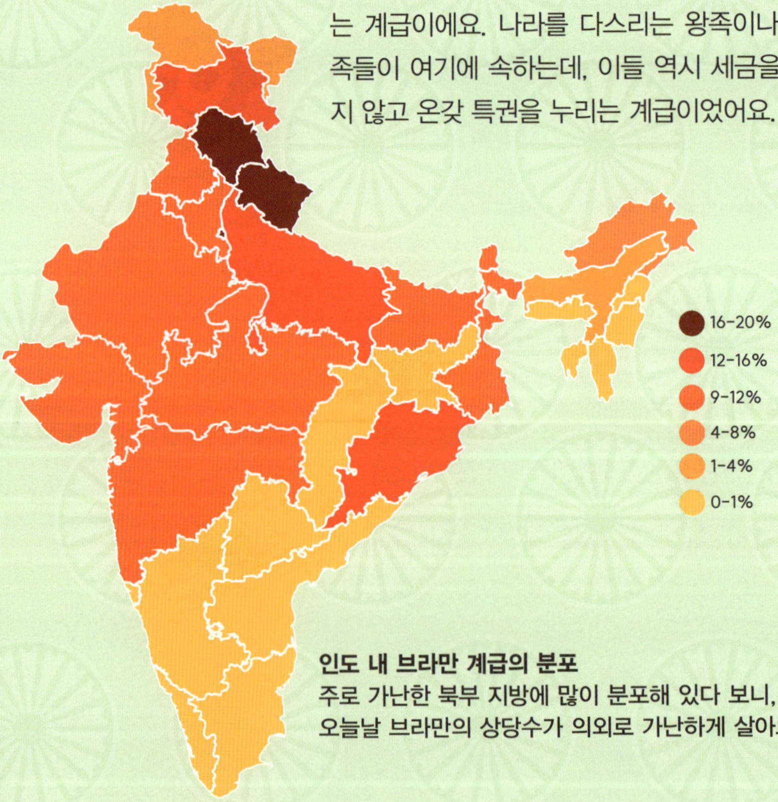

인도 내 브라만 계급의 분포

주로 가난한 북부 지방에 많이 분포해 있다 보니, 오늘날 브라만의 상당수가 의외로 가난하게 살아요.

'바이샤'는 농업과 상업, 목축업에 종사하는 계급으로 세금을 내며 살았어요. 마지막으로 '수드라'는 카스트의 맨 아래 계급으로 노예와 가정부, 하인 등이에요. 나중에 수드라보다 더 낮은 계급인 '불가촉천민'이 생겨났지요.

인도 사람들은 카스트를 '브라흐마'라는 창조의 신이 만들었다고 믿었어요. 그래서 한번 정해진 계급은 절대 바꿀 수 없고, 자식에게 계속 대물림이 되며, 결혼도 같은 계급끼리만 해야 했어요.

또한 착한 일을 한 사람은 다음 생애에 높은 계급으로 태어난다고 믿었기 때문에 자기에게 정해진 계급을 인정하며 살았다고 해요.

6장

케르베로스의 목걸이를 찾아라!

지하 세계 대탐험

하루를 꼬박 걸어서 지하 세계의 입구에 도착했어.

야차가 주문을 외우자 비밀의 문이 스르르 열렸지. 끝도 없이 펼쳐진 계단이 지하 세계로 향하고 있었어.

"저 계단으로 내려가면 이 세상의 온갖 귀신들이 있단다. 절대 그들과 이야기를 해서는 안 된다. 귀신들을 무시하고 쭉 앞으로 가면 '분실물 보관소'라고 쓰여 있는 곳이 보일 거야. 그곳 문을 열고 들어가면 수많은 물건들이 있는데, 거기서 케르베로스의 목걸이를 가지고 다시 맞은편 계단을 통해 지상으로 나오면 된단다."

야차의 말이 끝나자 나는 지하로 연결된 계단을 내려갔어.

귀신들이 여기저기에서 나를 불렀어. 어떤 귀신은 신발을 내 앞에 던진 뒤, 신발을 주워 달라며 말을 걸었고, 또 어떤 귀신은 손이 아파 물을 마실 수 없다며 도와 달라고 내게 말을 걸었지. 하지만 나는 야차의 말대로 모든 말을 무시하고 앞으로만 쭉 걸어갔어.

드디어 '분실물 보관소'라고 쓰여 있는 방이 보였어.

나는 문을 열고 들어갔어. 그곳에는 이 세상의 온갖 진기한 물건들이 진열되어 있었어.

반짝반짝한 보물들이 탐나지 않았다면 거짓말일 거야. 그렇지만 난 꼭 필요한 케르베로스의 목걸이만 찾아 손에 쥐었어. 이게 정말 중요한 건지 알았다면 버리지 않았을 텐데 말이야. 이제 지하 세계를 빨리 빠져나가야겠지?

좁은 복도 같은 곳을 얼마나 걸었을까? 무섭게 생긴 거인이 불쑥 내 앞을 가로막았어. 거인은 세 개의 얼굴에 여섯 개의 팔을 가지고 있었어.

"나는 아수라다! 여길 지나가려면 나와 팔씨름을 해서 이겨야 한다!"

아수라의 몸집이 내 몸의 세 배는 되어 보였어. 팔씨름을 해서 내가 이길 확률은 제로였어.

"그럼 할 수 없죠. 그냥 다시 돌아갈게요."

"누구 맘대로! 다시 돌아가려면 네가 가진 걸 다 내놔!"

"그런 법이 어딨어요?"

"어딨긴, 여기 있지!"

아수라가 커다란 눈을 빙글빙글 돌리며 무섭게 말했어.

지하 세계를 빠져나가려면 아수라가 있는 길을 지나가야 했어. 그래서 나는 뒤쪽으로 도망을 가는 척하다가 아수라 거인의 다리 사이로 날쌔게 피했지. 화가 난 아수라가 나를 쫓아왔어. 그런데 갑자기 아수라가 뭘 보고 놀랐는지 슬금슬금 자리를 피해 버렸어.

어디선가 향긋한 냄새가 코끝에 풍겨 왔어. 슬쩍 향기가 나는 곳을 보니 그곳에 화려한 옷을 입은 인도의 왕족이 호위병을 이끌고 서 있었어.

"이놈! 이분은 무굴 제국의 황제이시다! 고개를 숙여라!"

호위병이 소리치자, 놀란 나는 고개를 조아렸어.

"넌 살아 있는 인간이로구나! 고개를 들어 보아라."

나는 수줍게 고개를 들었어.

황제가 따뜻하고 인자한 표정으로 나를 내려다보고 있었어.

알고 보니 그 유명한 타지마할을 지은 무굴 제국의 황제 샤자한이었지 뭐야?

"얘야! 나 좀 도와줄 수 있겠니?"

"제가 도울 수 있는 일이라면 뭐든 도와 드리겠습니다."

그러자 황제가 방긋 웃으며 내게 자신의 이야기를 들려주었어.

왕비를 매우 사랑했던 샤자한은 왕비가 죽자 세상에서 가장 아름다운 무덤 궁전을 만들었대. 그리고 자신이 죽으면 왕비와 함께 영원히 함께하고 싶어서 유명한 마법사의 힘을 빌려 왕비의 영혼을 호리병에 넣어 뒀대. 세월이 흘러 세상을 떠난 샤자한은 왕비의 무덤 옆에 묻혔는데, 글쎄 영혼이 사라지고 없었다지 뭐야? 생전에 왕비를 짝사랑했던 나쁜 마법사가 왕비의 영혼을 빼돌렸던 것이지.

인도의 문화유산 이야기

타지마할

타지마할은 인도 아그라에 위치한 무굴 제국의 대표적 건축물이에요. 무굴 제국의 황제 샤자한이 부인 뭄타즈 마할로 알려진 아르주망 바누 베굼을 기리기 위하여 1632년에 무덤 건축을 명하여 2만여 명이 넘는 노동자를 동원하여 건설하였다고 해요. 1983년 타지마할은 유네스코 세계 문화유산으로 등재되면서, "인도에 위치한 무슬림 예술의 보석이며 인류가 보편적으로 감탄할 수 있는 걸작"이라는 찬사를 받았답니다.

"지하 세계에 들어온 살아 있는 인간만이 케르베로스의 목걸이를 만질 수 있는데, 그 목걸이는 영혼을 제자리로 되돌릴 힘을 가지고 있단다. 그러니 네가 그 목걸이를 만진 뒤 왕비의 영혼을 내게 데려다 다오."

샤자한이 간곡하게 말했어.

"케르베로스의 목걸이에 그런 힘이 있었군요! 그 목걸이라면 지금 제가 가지고 있어요!"

나는 케르베로스의 목걸이를 황제에게 보여 주었지.

"정말이구나!"

샤자한이 감탄하는 목소리로 말했어.

"제가 그 나쁜 마법사를 찾아서 꼭 왕비의 영혼을 찾아오겠습니다."

"그런데 그 마법사는 귀족이란다. 너는 노예이기 때문에 그 마법사와 눈조차 마주칠 수 없을 거야. 무슨 좋은 방법이 없을까?"

샤자한이 침울한 표정으로 잠시 땅을 응시했어.

"그래! 그러면 되겠다! 지금 이 시간부터 너를 무굴 제국의 무사로 삼겠다. 그러면 너는 크샤트리아 계급이 되므로, 귀족인 마법사를 대적할 힘을 갖게 될 것이다."

그러고는 샤자한이 내게 무굴 제국 황제의 이름이 새겨진 반지를 주었어.

무굴 제국의 무사가 된 뭉치

나와 샤자한의 부하들은 마법사의 소굴에 도착했어. 마침 집 안에는 마법사가 없는 것 같았어.

잠시 안으로 들어갈 기회를 엿보던 나는 살금살금 마법사의 방으로 갔어. 마법사가 없는 지금이 호리병을 손에 넣을 기회라고 생각했거든.

그런데 뒤따라오던 샤자한의 부하들이 안으로 들어가자마자 그대로 밖으로 튕겨져 나가 버리는 게 아니겠어?

"아무래도 혼자 들어가셔야 될 것 같네요. 집 안에 영혼이 들어가지 못하게 비밀 장치를 해 둔 모양입니다."

샤자한의 부하가 말했어. 할 수 없이 나 혼자 안으로 들어갔어.

나는 마법사가 왕비의 영혼을 감췄을 법한 곳을 찾아보았어.

'짝사랑한 사람의 영혼이 든 호리병이라면 틀림없이 방 안 깊숙이 숨겨 두었을 거야.'

나는 마법사의 방을 뒤지기로 했지. 그런데 아무리 찾아도 호리병이 보이지 않는 거야. 다른 방을 찾아보기 위해 막 방을 나가려는 순간, 발소리가 들려왔어. 할 수 없이 나는 탁자 아래로 몸을 숨겼어.

곧 '드르륵' 방문이 열리며 마법사가 나타났어. 나는 숨을 죽인 채 마법사의 행동을 지켜보았어. 마법사는 기분이 좋은지 콧노래를 부르기 시작했어.

"하하하! 내일이면 드디어 내 꿈이 이뤄지겠군!"

마법사가 옷깃을 세운 뒤 두건을 벗자, 그의 얼굴이 드러났어. 그런데 마법사의 얼굴이 낯익지 뭐야?

나는 하마터면 소리 지를 뻔했어. 옷차림이 달라서 얼른 눈치채지 못했지만 분명 감옥에서 만났던 할아버지, 아니 야차였어.

야차가 케르베로스의 목걸이를 애타게 찾은 이유가 비로소 이해가 되었어. 내가 야차라고 생각했던 할아버지는 진짜 야차가 아니라 나쁜 마법사였던 거야.

마법사는 샤자한의 왕비였던 뭄타즈 마할을 부활시키기 위해 케르베로스의 목걸이가 필요했던 것이지.

'이제 어떻게 하지?'

나는 곰곰이 생각에 잠겼어.

그때 무언가가 탁자 아래 숨어 있는 나를 향해 으르렁거렸어. 작은 강아지였어. 강아지는 나를 물어뜯을 것처럼 무섭게 으르렁거렸지. 그러자 마법사가 불쑥 탁자 아래로 고개를 내밀었어.

"웬 쥐새끼가 숨어 있나 했더니 이게 누구야?"

마법사가 내 목덜미를 꽉 잡더니 나를 탁자 밖으로 끌어당겼어.

"이 녀석! 쪼끄만 게 아주 앙큼하구나! 내가 나오라는 데로 안 나오더니, 우리 집에는 어떻게 온 거냐? 목걸이는 가져왔지? 어서 내놔!"

마법사가 손을 내밀었어.

"아, 그 목걸이요? 목걸이를 받고 싶으면 약속을 먼저 지키세요!"

"약속? 무슨 약속?"

마법사는 시치미를 뗐어.

"사고, 가윤이와 함께 집으로 돌아갈 수 있게 도와주기로 했잖아요!"

"쳇! 약속을 먼저 깬 건 너야! 내가 분명히 말했지! 귀신과 절대 대화를 해서는 안 된다고! 그런데 죽은 샤자한과 내통(외부 조직이나 사람과 남몰래 관계를 가지고 통함)을 해?"

"전 그런 적 없어요!"

"웃기시네! 그럼 네 손에 낀 반지는 어떻게 설명할 거지? 샤자한의 이름이 새겨진 반지를 훔쳤다고 말할 거냐?"

마법사가 음흉한 표정을 지으며 나를 노려보았어.

"이 녀석을 가둬라!"

마법사가 소리치자, 갑자기 강아지가 점점 커지더니 괴물로 변신했어. 괴물은 단숨에 나를 제압한 뒤 묶어 버렸지.

마법사가 내 몸을 뒤지려고 했어. 그때 퍼뜩 내게 좋은 생각이 떠올랐어.

'마법사는 진짜 케르베로스의 목걸이를 본 적이 없어. 그러니까 다른 걸 보여 줘도 모를 거야.'

나는 주머니에서 사고의 목걸이를 꺼내 마법사에게 주었어. 그 목걸이는 벼락 맞은 대추나무로 만든 목걸이였어. 시골에 계신 할머니가 나와 사고에게 하나씩 만들어 주신 것이었지.

"오! 이게 바로 그 목걸이구나! 음! 강한 기운이 느껴져!"

목걸이를 받아 든 마법사의 눈빛이 반짝였어.

"이제 제 동생과 친구를 만나게 해 주세요."

"알았어. 만나게 해 줄게."

마법사가 귀찮다는 듯이 대꾸했어.

"빨리 집에 가고 싶단 말이에요."

"귀찮은 녀석 같으니라고! 네 소원대로 해 줄 테니 조용히 있어."

마법사는 나를 어디론가 데려갔어. 실험실 같은 방 안 귀퉁이에 누군가 쪼그리고 앉아 있는 게 보였어. 사고와 가윤이었어. 둘은 밧줄에 꽁꽁 묶여 있었지. 사고가 나를 보고 울음을 터뜨렸어.

"오빠!"

"어떻게 된 일이야?"

사고는 대답 대신 턱으로 제단 위를 가리켰어. 제단 위에 여자아이가 얌전히 누워 있었어.

"맙소사! 캐서린이 왜 저기에 있어?"

"몰라! 정신을 차려 보니 묶여 있었어. 이 집 하인들이 하는 얘기를 들었는데, 마법사가 소녀의 몸에 죽은 왕비의 영혼을 집어넣는 의식을 하려고 한대. 무서워 죽겠어."

사고의 말이 끝나기도 전에 가윤이가 엉엉 울기 시작했어. 사고도 울기 시작했지. 그러자 마법사가 소리를 꽥 질렀어.

"아, 시끄러워 죽겠네! 너희들 조용히 하지 않으면 셋 다 지옥에 처넣어 버릴 거야!"

나는 가윤이와 사고에게 조용히 있으라는 눈짓을 했어.

마법사는 목걸이를 건 채 호리병의 뚜껑을 열고 주문을 외웠어.

"지하의 신이시여! 분노와 파괴의 강력한 힘으로 뭄타즈 마할의 영혼을 부활시켜 주소서!"

마법사가 호리병을 부드럽게 쓰다듬으며 주문을 외웠어.

주문이 계속 되자, 호리병 안에서 파란 연기가 스멀스멀 새어나오기 시작했어.

바로 그때였어. 요란한 소리와 함께 방문이 열리면서 군사들이 들이닥쳤어.

“멈춰라! 우린 무굴 제국 황제의 군사들이다!”

“뭐라고?”

놀란 마법사가 주문을 멈추자, 호리병 밖으로 나오던 파란 연기는 다시 호리병 안으로 들어가 버렸지.

“저놈을 체포하라!”

군사들이 달려들어 마법사를 에워쌌어.

마법사의 머리가 갑자기 셋이 되고, 팔이 여섯 개인 아수라의 모습으로 변했어.

나는 군사들과 아수라의 결투가 벌어진 틈을 타서 사고와 가윤이의 팔목에 묶인 밧줄을 풀었어. 그리고 제단 위에 기절해 쓰러져 있던 캐서린을 깨운 다음 왕비의 호리병을 조심스럽게 챙겼지.

"일어나, 어서. 캐서린 가야 해."

아수라로 변한 마법사는 군사들과 결투를 했지만 수십 명의 군사들을 대적하기는 벅찬 모양이었어. 군사들의 공격을 받은 마법사가 고통스러운 표정을 지었어.

"나쁜 짓을 일삼더니 쌤통이다!"

사고와 가윤이가 마법사를 보며 중얼거렸어.

"얘들아, 신경 쓰지 말고 우린 어서 여길 빠져나가자!"

내가 아이들에게 말했지.

인도 한눈에 알아보기

사랑하는 왕비를 위해 지은 무덤, 타지마할

타지마할은 무굴 제국의 황제인 샤자한의 왕비였던 '뭄타즈 마할'의 무덤이에요.

샤자한은 무굴 제국의 다섯 번째 황제였어요. 샤자한과 왕비는 사이가 무척 좋아서 한시도 떨어지지 않으려고 했대요. 심지어 전쟁터에 나갈 때도 함께 다녔다고 해요.

샤자한과 왕비 사이에는 왕자와 공주가 열세 명이나 있었는데 열네 번째 아이를 낳다가 왕비가 그만 세상을 떠나고 말았어요. 슬픔에 잠겨 있던 샤자한은 왕비를 위해서 세상에서 가장 아름다운 무덤을 만들기로 마음먹었지요. 그렇게 해서 만들어진 것이 바로 타지마할이에요.

타지마할을 짓기 위해서는 어마어마한 돈이 들었어요. 최고급 대리석과 보석으로 타지마할을 장식했으니 그럴 수밖에요. 왕비의 무덤을 만드는 데 엄청난 돈이 들어가게 되자, 여기저기서 불만들이 터져 나왔어요. 결국 샤자한의 아들인 아우랑제브가 반란을 일으키게 되고, 샤자한은 아그라 성에 갇혀 8년 동안이나 지내다가 숨을 거두고 말았지요.

불교 동굴 사원, 아잔타 석굴

아잔타 석굴은 인도 마하라슈트라 주의 중북부 아잔타 마을 근처에 있는 불교 동굴 사원이에요. 이곳에는 약 30개 정도의 석굴이 있는데 기원전 1세기경부터 7세기에 걸쳐 만들어졌어요.

아잔타 석굴은 인도가 영국의 지배를 받던 시절, 영국 병사 존 스미스에 의해 발견되었어요. 1819년 어느 날 영국인 병사는 호랑이 사냥을 위해 밀림을 헤매다가 우연히 절벽 아래 펼쳐진 동굴 사원을 발견했다고 해요.

아잔타 석굴은 화강암 절벽을 20미터의 깊이로 파낸 다음 그 안에 불상과 불탑을 만들었어요. 사원의 벽면에는 인도의 풍속이나, 불교에 관한 것들이 자세하게 묘사되어 있는데 벽면뿐만 아니라 기둥과 대들보, 천장 등에까지 벽화가 그려져 있다고 해요. 특히 연화수보살(관음보살이라고 한다. 자비로 중생의 괴로움을 구제하고 왕생의 길로 인도하는 불교의 보살이다.)의 모습이 그려진 벽화가 유명하지요.

7장

악을 물리치는
가릉빈가의 음악 소리

최후의 대결

"우우우우우우웅!"

아수라로 변신한 마법사가 고개를 젖힌 채 요괴처럼 울어 댔어. 귀청이 찢어질 것만 같은 기분 나쁜 소리였지. 밖으로 나가려던 우리는 걸음을 멈추고 아수라를 바라보았어. 자세히 보니 아수라의 몸에서 마치 유령 같은 검은 기운이 뿜어져 나오고 있었어.

"으아아악!"

셋이 입을 모아 비명을 질렀어. 온몸이 오싹한 기분이 들면서 마치 끔찍한 꿈을 꾸는 것만 같았어.

"우우우우우우웅!"

아수라가 다시 한번 울부짖자, 그와 맞서 싸우던 군사들이 하나둘 맥없이 쓰러지기 시작했어.

군사들이 모두 쓰러진 뒤 아수라는 우리에게 다가왔어. 우리는 겁에 질려 벌벌 떨었지. 나는 서둘러 왕비의 호리병을 등 뒤로 숨겼어.

아수라는 그대로 우리를 지나치더니 캐서린에게 손짓을 했어.

"자, 이리 온!"

공포에 질린 캐서린이 염주를 돌리며 노래를 부르기 시작했어.

"칼라빈카 칼라빈카!"

애잔한 노랫소리가 마치 염불 소리처럼 들렸어. 그 순간 놀라운 일이 벌어졌어.

어디선가 아름다우면서도 신통한 피리 소리와 함께 상반신은 사람이고 하반신은 새의 모습을 한 요괴가 나타났어. 요괴 주위로 온갖 새들이 몰려들었어.

"가릉빈가다!"

쓰러진 군사들 중에서 누군가 소리쳤어.

"가릉빈가가 뭐야?"

사고가 캐서린에게 가만히 물었어.

"가릉빈가는 춤과 노래로 부처의 소리를 내는 음악의 신이야!"

캐서린이 작지만 힘 있는 목소리로 대답했어.

"가릉빈가는 좋은 요괴구나! 다행이다!"

사고가 혼잣말로 중얼거렸어.

가릉빈가는 계속해서 피리를 불었어. 그러자 피리 속에서 신비한 빛이 스멀스멀 뿜어져 나오더니 아수라의 몸을 순식간에 감쌌어. 빛은 마치 그물처럼 아수라의 몸을 칭칭 감싸 버렸지.

"으아악!"

아수라가 고통스러워하면서 풀썩 쓰러졌어. 아수라는 마법사로 변한 뒤 다시 연기처럼 사라져 버렸어. 순간, 마법사의 집도 온데간데없이 사라지고 황량한 벌판이 나타났어.

"저기 좀 봐!"

가윤이가 소리쳤어.

언덕 저편에서 뿌연 먼지바람을 일으키며 샤자한의 군사들이 나타났

어. 군사들은 일렬로 줄지어 섰어.

“황제께서 기다리고 계십니다.”

샤자한의 군사가 고개를 조아리며 말했지.

“저도 왕비님의 호리병을 찾았습니다.”

내가 호리병을 흔들어 보였어.

군사가 기다란 칼로 땅바닥을 내리쳤어. 그러자 땅바닥이 갈라지면서 기다란 계단이 나타났지.

“으아아악! 지하 계단이다!”

사고와 가윤이, 캐서린이 동시에 비명을 질렀어. 아마 조각상을 보러 갔다가 지하 계단으로 떨어졌던 기억이 되살아났던 모양이야.

“괜찮아!”

나는 어깨를 으쓱이며 지하 계단으로 내려갔지.

“오빠! 같이 가!”

“뭉치야! 혼자 가면 어떻게 해!”

계단을 빙글빙글 돌아 한참을 가다 보니 밝은 햇살이 비치기 시작했어. 군사가 그곳으로 나가라는 시늉을 했지.

문을 열고 나가자, 눈부시게 밝은 햇살이 우리를 맞아 주었어. 그리고 우리 눈앞에 타지마할이 우뚝 서 있는 게 아니겠어?

"타지마할이야! 너무 멋지다!"

가윤이와 사고, 캐서린이 서로 손을 맞잡고 팔짝팔짝 뛰었어.

따사로운 햇살을 받으며 누군가가 우리 앞으로 걸어오고 있는 게 보였어. 바로 샤자한이었지.

나는 무릎을 꿇고 왕비의 호리병을 샤자한에게 바쳤어.

"정말 가져왔구나! 고맙다!"

샤자한이 나를 보며 고개를 끄덕였어.

"약속대로 소원을 들어주겠다. 뭐든 말해 보거라!"

샤자한의 말에 나는 집에 가고 싶다고 말했지.

샤자한이 고개를 끄덕이며 손짓을 했어. 땅속에서 커다란 코끼리가 마차를 이끌고 나타났어.

"너희들을 집까지 무사히 데려다줄 거란다."

샤자한의 말에 우리는 캐서린과 작별인사를 했어.

"고마웠어! 잊지 못할 거야!"

"모두들, 잘 가!"

우리는 한동안 캐서린의 손을 잡고 놓을 줄을 몰랐어.

"얘들아, 시간이 없어! 어둠이 오기 전에 어서 떠나야 한단다."

샤자한이 재촉했지. 우리는 수레에 올라탔어.

얼마 후 우리가 처음 길을 잃었던 골짜기에 다다랐지. 코끼리가 힘차게 귀를 펄럭이자, 마차가 하늘로 날아올랐어.

우리는 마침내 골짜기 밖으로 나왔어. 마차의 문이 열리자, 우리는 천천히 내려왔지. 익숙한 풍경이 눈에 들어왔어. 우리 마을 입구에 있는 아파트 공사 현장이었어.

"우아, 우리 집이다!"

그제야 우리 셋은 뒤돌아보았지. 마차가 우리에게 작별인사를 하는 것처럼 빙글빙글 몇 바퀴 돌더니 골짜기로 내려갔어. 그리고 골짜기가 연기처럼 사라지기 시작했어.

순간 주머니에 들어 있던 케르베로스의 목걸이가 생각났어. 나는 골짜기를 향해 목걸이를 힘차게 던져 버렸어.

'정말 무시무시한 여행이었어!'

목걸이와 함께 골짜기는 거짓말처럼 눈앞에서 사라져 버렸어.

"이제야 집으로 돌아왔군!"

"아, 배고파! 어서 집에 가서 엄마가 해 준 김치찌개에 밥 실컷 먹고 싶다!"

"나도 엄마가 해 준 집밥 먹을래!"

우리 셋은 웃으며 집을 향해 뛰어갔어.

에필로그

새로운 모험의 기운

한동안 나는 인도에서의 요괴 여행을 잊고 있었어. 그 일이 있기 전까지 말이야.

하루는 수업이 끝난 뒤 운동화로 바꿔 신으려는데, 운동화 속에 쪽지가 들어 있지 뭐야? 나는 친구들이 장난을 하는 거라고 생각했지. 그래서 쪽지를 버릴까 하다가 호기심에 쪽지를 펼쳐 보았어. 그랬더니 정갈한 글씨체로 편지가 써 있지 뭐야? 쪽지에는 '당신을 드라큘라 궁전에 초대합니다.'라고 적혀 있었어.

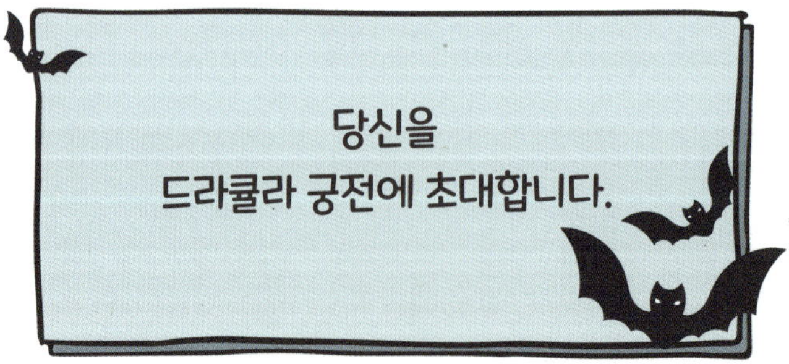

"드라큘라 궁전 좋아하네!"

나는 아무렇지 않게 쪽지를 휴지통에 던져 버렸지.

그런데 다음 날도 그 다음 날도 계속 똑같은 내용의 편지가 내 운동화 속에 들어 있는 거야.

'누가 이런 장난을 치는지 꼭 밝혀내고 말겠어.'

다음 날, 나는 일부러 CCTV가 보이는 곳에 운동화를 벗어 두었어. 그리고 수업이 끝난 뒤 운동화 안을 살펴보았지. 내 생각대로 운동화 안에 똑같은 내용의 편지가 들어 있었어.

나는 편지를 들고 교무실로 향했어. 그리고 선생님께 그동안의 일을 말씀 드렸지.

선생님의 도움으로 CCTV를 돌려 보던 나는 깜짝 놀랐어.

글쎄, 인도에서 만났던 야차가 내 신발 속에 편지를 넣고 있었던 거야. 이게 어떻게 된 일이지?

"야, 야차다!"

놀란 나는 말까지 더듬었어.

선생님은 진짜 야차라고는 꿈에도 생각하지 않으신 모양이었어.

"어머나, 인도의 요괴 야차 복장을 하고 있네! 너희들 핼러윈 축제가 얼마 남지 않았다고 별 분장을 다 하는구나!"

선생님의 말씀을 들은 나는 사고나 가윤이가 나를 놀려 주려고 장

난을 하는 거라고 생각했어.

때마침 핼러윈 축제날은 내 생일이야. 물론 사고의 생일이기도 하지.

'그래! 뭐 그까짓 것 속아 줄게.'

나는 속으로 생각했지.

하지만 내 생각은 완전히 틀렸어. 어떻게 틀렸냐고? 궁금하면 다음 이야기 속으로 들어가 볼래?

인도 한눈에 알아보기

불교의 창시자, 석가모니(기원전 560~기원전 480)

석가모니는 기원전 560년 인도 동북부 지방의 샤카족의 왕자로 태어났어요. 그의 이름은 고타마 싯다르타로 샤카족 정반왕의 맏아들이었어요. 하루는 성 밖에서 우연히 병들어 고통을 받는 사람들과 죽어 가는 사람들을 보게 되었어요. 그는 이때부터 사람은 왜 늙어야 하고 또 병들어야 하며 죽어야 하는가에 대해 생각을 하였어요. 또 그런 고통에서 벗어날 수 있는 방법은 무엇인가에 대해 깊이 생각하게 되었다고 해요.

그 뒤 석가모니는 29세에 모든 것을 버리고 출가하여 6년 동안 산속에서 도를 닦으며 살았어요. 그러다 마침내 부다가야의 보리수 아래서 도를 깨닫고 부처가 되었다고 해요. 부처가 된 석가모니는 그 후 80세로 열반에 들기 전까지 인도 전역을 돌아다니며, 세상에 자비를 베풀어야 하고 또 고통의 원인인 욕망을 버려야 한다고 설교를 하였어요. 석가모니의 가르침은 곧 많은 사람들의 마음을 움직였고 지위고하를 막론하고 수많은 사람들이 석가모니를 따랐어요.

석가모니가 열반에 든 후, 불교는 아소카왕의 보호를 받으며 인도에서 크게 번성하였고, 중국과 한국 등지에까지 퍼져 이슬람교, 크리스트교와 함께 오늘날 세계 3대 종교의 하나가 되었어요.

인도의 위대한 시인 타고르(1861~1941)

타고르는 1913년 노벨 문학상을 받은 세계적인 인도의 시인으로 1861년 캘커타에서 태어났어요. 타고르의 집안은 문학이나 음악 같은 예술 분야에 뛰어난 사람들이 많았는데, 타고르는 어려서부터 집안의 영향을 받아 11세부터 시를 쓰기 시작하여 16세에 시집 《들꽃》을 발표했지요.

30세에 타고르는 청소년들을 교육하기 위한 학교를 설립하여 그곳에서 자신이 지은 시로 노래를 만들어 부르기도 하고 또 연극을 하며 아이들을 가르쳤어요. 「기탄잘리」는 이때의 경험을 살려 타고르가 쓴 유명한 시예요.

'기탄잘리'란 신에게 바치는 노래라는 뜻으로 신을 향한 공경심을 나타낸 것이에요. 이 시는 나중에 영어로 번역되어 영국에서 발표를 하기도 했는데, 이 시집으로 인해 타고르는 아시아인으로서는 최초로 노벨 문학상을 받았어요.

타고르는 이후에도 계속해서 많은 시들을 지었고, 『황금 조각배(1893)』, 『경이(1896)』, 『늦은 추수(1896)』, 『꿈(1900)』, 『찰나(1900)』, 『희생(1901)』 등의 작품집을 발표했어요. 또한 타고르는 자신의 민족과 비슷한 처지에 놓여 있는 우리나라에도 관심이 많아, 1919년 3.1 운동의 실패를 안타깝게 생각하여 「패자의 노래」를 지어 주었고, 1920년 〈동아일보〉 창간에 맞춰 「동방의 등불」이라는 시를 지어 우리 국민에게 큰 감동을 안겨 주기도 했어요.

틀린 그림 찾기 다음 두 그림을 서로 비교해 보며, 틀린 부분을 찾아보세요.(총 10곳)

정답

퀴즈

지금까지 인도 문화 탐험을 마음껏 즐겼나요? 인도에 대해 설명하고 있는 친구들의 이야기를 잘 듣고, 맞는 내용에는 O, 잘못된 내용에는 X로 표시해 보세요.

인도는 세계 인구 1위이자 국토 면적은 세계 7위인 나라야. 남한 면적의 33배나 크다고.

O X

시바는 세상을 구원하고 생명을 지켜 주는 신이야. 우주를 유지 보존하고 진리를 수호한다고 해.

O X

인도 사람들은 손으로 음식을 먹어. 그런데 이때 반드시 왼손으로 음식을 집어 먹는다고 해. 오른손으로는 화장실 갔을 때 써서 오염되었다고 생각하거든.

O X

타지마할은 인도 아그라에 위치한 무굴 제국의
대표적 건축물이야. 무굴 제국의 황제 샤자한이
부인 뭄타즈 마할로 알려진 아르주망 바누 베굼을 기리기
위하여 1632년에 무덤 건축을 명하여 2만여 명이 넘는
노동자를 동원하여 건설하였다고 하지.

O X

인도 사람들은 태어나면서부터 네 개의 계급으로
나뉘어 각자 할 일이 정해져 있었어.
네 계급은 브라만, 크샤트리아, 바이샤, 수드라지.
하지만 이제 이런 계급은 완전히 폐지되어
평등한 사회가 되었다고 해.

O X

정답: 뭉치 - O 사고 - X 가윤 - X 샤자한 - O 캐서린 - X

미로 찾기

본문에 나오는 요괴와 괴물을 피해서 미로를 탈출하세요.

도착

와글와글 토론

인도에 아직도 계급이 남아 있는 이유가 무엇일까?

인도의 카스트 제도는 법적으로 폐지되었지만, 그 문화가 완전히 사라진 것은 아니에요. 그 이유가 무엇인지, 다음 토론을 읽고 여러분의 생각을 정리해 보세요.

토론 참가자 가윤 캐서린

나는 인도의 카스트 제도가 잘 이해되지 않아. 이런 문화는 좀 불공평한 것 같아.

영국 식민지 시절, 카스트 제도가 본격적으로 알려지기 시작했고, 현대의 인도 정부도 이러한 차별을 바꾸려고 노력했대. 그런데 너무 오래된 사회적 인식이다 보니, 하루아침에 바뀌는 건 쉽지 않은 것 같아.

법으로 폐지가 되었는데도, 종교적 신념 때문에 이런 계급 문화가 계속 유지되나 봐.

그래서 인도 정부에서는 하위 계층이 대학 진학이나 공직자 진출이 가능하도록 혜택을 주는 제도를 시행하고 있대. 그런데 오히려 이 때문에 기존의 상위 계층에서 자신들의 이익을 뺏기지 않으려고 결속력이 강화되는 경향이 있다나 봐.

그래도 자신의 노력으로 하위 계층에서 벗어날 수 있도록 바뀌어서 다행 아닐까? 시간이 좀 걸리더라도 나중에는 계급 문화가 없어질 것 같은데?

하지만 도시가 아닌 농촌에서는 이 계급 제도가 여전히 뿌리 깊게 남아 있대. 특히 여성한테는 더 취약하고 말이야. 난 뭔가 강력한 규제가 필요하다고 생각해.

내 생각에는……

교과연계표

[3학년 1학기 사회] 2. 우리가 알아보는 고장 이야기

[4학년 1학기 사회] 1. 지역의 위치와 특성

[6학년 2학기 사회] 4단원. 변화하는 세계 속의 우리
[6학년 2학기 사회] 3단원. 세계 여러 지역의 자연과 문화
[6학년 2학기 사회] 2단원. 이웃 나라의 환경과 생활 모습